PRISUSTVA

1974.

BIBLIOTEKA »REČ I MISAO«
KNJIGA 411

NOVICA TADIĆ

PESME

IZDAVAČKA RADNA ORGANIZACIJA » R A D «
BEOGRAD, 1989.

Pogovor
RADIVOJE MIKIĆ

*Pesme za ovu zbirku izabrao je autor.
Naslovi ciklusa su po naslovima i godinama
izdanja njegovih ranijih knjiga.*

Urednici
JOVICA AĆIN
DRAGAN LAKIĆEVIĆ

TAMNI PENJAČ

Možda su to glasovi bilja o ne
rast zemlje uz pritke i pohod buba
ili lepet vetra koji uvek čezne o ne

znamo toliko da dolazi
da se lagano i uporno uspinje
opna što nas deli prema nama se ugiba

prema nama se ugiba prema nama se ugiba

   ne pokušavaj uludo ti napor
   ne bi uspeo ni čitav svemir da usmeriš
   sa visoravni ove jednom si oduvan
   vrata ne možeš otvoriti
   mi ti se smejemo
   mi ti se smejemo
   vrata se samo prema tebi otvaraju
      prema tebi
      prema tebi

i smeh nam kao gušter u suvu zemlju ubegne

senka je najbogatija zidom bez boja
čitavo obilje zatvara pa i njega
neispoljenog gosta

ječi li to on u času popodnevnom
otvara li mi to usta
da na papir pljuvačku prospe

vere se ipak vere se polako a da se
senke oslobodi a da se rešetke oslobodi
većeg tiranina pod suncem ne bi bilo

nisi prisutan nisi beo
                              pa ipak
kako bi te iz grudi istisli
grudne kosti pritiskamo
a ruke nam se
u drvene kašike pretvaraju

znamo da su bregovi
napuštene stolice i da se
procvetala trešnja tvojim kostima osula

a pitamo se stalno
                    da li je
rešetka pravilno ispletena
i ne slabi li tvoj san o vazduhu

PRED SAN

pod krevetom liže udove
oštri jezik
        čeka da utoneš
u crno perje

njegovi prirodni neprijatelji
svetlosni leptiri
           po stvarima
ne padaju

još ga ti samo zabrinjavaš
jer ne zna da li si to
              usnuo
ili ti je oko na bregu

SLUŽAVKA
(dok u vrtu ručavamo)

grana iznad stola iz vremena minulih
služavka to je koja bi da nas usluži

posle toliko i toliko vekova
tek se nostalgično osmehnula

put drveća jedini je put i ona
iz večnosti pokušava da do nas dopre

KOKOŠ U SOBI

od ormana do vrata
 drveno sam legalo poprečio
  pod njenim prljavim prisustvom
 stvari da uzdrhte

svakodnevno uzbiram
 prodevene perjem
  pepeljaste hrpice

jaje kad snese pozvaću prijatelje
 da ga s dletima otvorimo
 ili da ga iz kuće izguramo

 nju ne vidim
iako sobni prostor
kvoca i uzmahuje
 da mi
vazduh lice šiba

kad cigarete ili prste zapaljujem
 kresta se
 na šibici javi

TERASA

bile su kiše ponikle su pečurke
po zidu
      po licu iza terase
došla je devojčica sa kotaricom

skakutane ne zajahuj nameštaj
konje beznoge
        posečene
u jastuk jaja ne polaži

dimnjaci su crne katarke
dimovi poletele kose
          a moja se
stolica od pruća u šiprag pretvara

ne smem više po zidu linije
ne smem više
      linije povlačiti
u sebe bih tako u kotaricu bih tako

                pečurke sasuo

devojčice kroz dimnjak kroz
čađavo crevo beži
         vreme je
izvrnuti džep da se vrati

             a terasa da otpadne

ZIDOVI PISMONOŠE

kad senke iz zidova izgonimo
slični smo onima što
iz kamenjara zmije mame jer
gde leškari ako tu ne leškari
srodnik prljave kokoške

nasip je razriven i mutljag se
po sobi razliva
sveže krtičnjake u uglovima
vidimo

zidovi se razmiču
odnose pismo

o nama

PITAM

da li je
gotova
večera

pitam
nekog
iza leđa što
u nepostojećoj odaji

tanjire
premešta

TAMNI PENJAČ

kao da si tu kao da si prisutan
tamni penjaču moćniče iz daljine
kao da si se kroz rešetke prodeo
ili niz zrak spuzao
          noću
tako si blizu
zaista si u duvaru
pa da li ćeš moći da odoliš
zaostalom krznu na dnu
toliki si put prešao
sa vetrom bogogazio
da li ćeš moći mojoj čari da odoliš
ovom jedinom krznu
koje već postaje
          sanjivo

udovi su konopi uz koje se uspinje
ono što beskrajan list nosi
ono nadmoćno

zglobovi se razglavljuju
kost kost neće prepoznati

ne
ništa se nije dogodilo
u veoma staroj odaji
samo jedan tvoj nalet na rešetku
tamni penjaču

*

to se zaista pretvara
                menja obličja
iz tajne riznice košulje iznosi
čas je onaj koji oštri jezik
čas veverica čas prljava kokoš
čas razjarena ženka
              verujem
da je neiscrpno i da me je
samo neznatan deo napao
i čitavo je obilje ostalo
u nekom glatkom zidu neizazvano
ili u šaci tamnog penjača
                darodavca

kako je došlo do toga
da prekine igru sa repom
i da se prema meni okrene
ni sam ne znam tek
njegovi su mi jezici
darnuli opne
           nagrizli potkožice

krljušt je sasulo i opet se
svom repu vraća
            za sobom
ostavljajući svet tako sličan
iseljenom mravinjaku
svet šupalj i bobonjav

      i reči ove puste peteljke

SMRT U STOLICI

1975.

SVEKOLIKA

Na proplancima te nema
Gde u jakom si poljupcu neba i zemlje
Sveža podrhtavala
Nema te na visokim noćnim liticama
Na krovovima od slame
Ispod drveća
Ovde si ti ovde
Gde sve je kovitlac zahvatio
Razotkrivena
Ne možeš me više uspavati
Slegla si se u vidljivo
Ne širiš se ne peniš ne zviždiš
Ništa na tebi ne leprša
Nijedno tvoje uzbuđenje
Primećena
Razvij senke što ih kriješ
Duboko u imenu
Jer čisto si obilje nagib čisti

Posleponoćnik avetni
Gojnim se kapcima zaklanja
Razdelio se on u zle blizance
Lica tvoja
Jarak u dve obale i crnu kičmu
Drhtavice koja protiče i sve dok se
Vetrina ne sjuri nikako ne može prekoračiti
To što se na njemu belasa
Svet potmuli
Pažljivo samo pažljivo
Poželeće već nebo bez oblaka
Vodu bez neba

Daleku škrinju u kojoj je prebivao
Ogledalo bez plamena

Sa uzvisine na uzvisinu
Ne premeštaš se više   Svekolika
Na trn si pala
Među prstima okrupnjali mrkli belegu
Šaku mi otvaraš
Koleba se
Površina vode u tvojim
Haljinama u naletu
Ja lutalo
Kroz grad u krv
Skupljao sam razdiruće besove
Oborene dimove
Tvoj riđi kašalj zaparu i buku
Za usta gorka
Mračni izust
      Nakostrešena
Kako bi sada nasred
          Sobe
Na jednoj nozi stajala

VAŠ

Pripila si se uz moj bok
Otičem u tebe blag
Mrači se i hladi
Dan uz toplo veče

Nadolazi ti snaga
                grca
Na maloj usni pripijenoj
A sveži lepak
          izliva se
Između kože i čaršava

Sjajna vaši cele noći
Uvijam se ja u krpe
Osvanuće samo čep
U krevetu ko u šaci

POKOJNICE

Male pokojnice
Mane tihe tiha plaminjanja
Sunule ste iz stareži
Iz mrtvog prozora

Poverljivo me sada optačete
Nemirni skupovi
                   promukli
Zlići jetki
       zaneseni
Zagnjurene mrmorite

Male pokojnice
Nevaljalstva mala
Munje u crnini što nestaše
Vašu slavu znaju

MAKAZE

Skakutan se u sobu zatvori
Krevet razmesti
Ladicu otvori
Makaze iznese

U makazama u metalnom zevu gle
Blesnuše gole sapi sjajne litice
Čisti strukovi
Suknje skrojene
Devica usnula
        rasanjena
                pomeri se

Zaista
      svu bi tu raskoš
U samotnom času
             razvezala

KEZILIĆI

Kevtave gubice
U porubima i šavovima
Sitnež balava

Micala gladna micala
Razrokih jezika
Iverje pohotno

Pod zanjihanim smrekama
Sečiva i sisala
Lizala
    mljackala
        kusala

Telotočci i rastakala
Užurbana oko mene
Mala klapkala

GRICKALA

Kao beli porubi talasa iz mrkline
Načičkani uokolo zidove zasecaju
Stvari polažu u grozničave krevete
Mrtve kiše odvezuju
               i jaje bi
Jecaj što ga jejina donosi i odnosi
Da uzlete
        zatežu mu beli obraz
        mreškaju ga sitnom zebnjom
          komešaju iznad lika
             što zapisan je
              u dubini

TABAKERA

Poslužitelju dobri dođi da mi
Tabakeru otvoriš ja prstiju

Moji su prsti pretanki ja prstiju
Zaista ja prstiju nemam

Možda se žute možda se zlate
Svetački mirni iza poklopca

GOST
(pojava kezila)

Iz sna lik dimni
Za kosi moj sto sede
Dobro veče dobro veče
Kroz blede uši izgovori

Dobro veče dobro veče
Kroz raširene nosnice
Došljaku procure

Dobro veče dobro veče
Iz usta mu se ote
Između dva češlja

USTA KEZILOVA

Bogata jedna usta
Kezilova usta
Otvorila se
            vidim
Češljeve i četke
Kuke i čengele
Igle ispale iz munje
Zavrtnjeve i klešta
Kreč i lepke
            a iz crnog ždrela
Mlaki vetar duva
Usne razvlači u dva sečiva
Izdužuje ih za mnom
U pohotni pipak
Pratilac

KEZILO GOVORI

Ovde dok budeš ja ću ti za leđima
Stajati
Sagibaću se preko tvoga ramena
Otvoriće se posle čičina vrata
Koja liče na jedini čičin šuplji zub
Sešćemo tamo u odaju od suve kosti
Na bele čvrste stolice
Na bele zdrave kutnjake
Zato ne slušaj cvrkut ptica iz vrta
I ne misli o onom petlu koji u trešnji raste
Kandže spuštajući kroz stablo
A krestu u plodove
Niti pak o sličnim stvarima
Što sa svih strana senke kao mamce bacaju

KEZILOVA NOĆNA IGRA

Iz usta izvuče dva okamenjena leptira
Veže ih crnim koncem i vuče
Za sobom
        između razmaknutog
Nameštaja
        zidovi se zgledaju
Plafon iznenađuje
        leptiri
Podskakuju
Jedan na drugog sleću
              tako mu
Osmeh pada u stvari
Tako se on za sobom osmehuje

FLAŠA KEZILO

Izdužena lika
U flaši klokoćeš
Daviš se možda
Vodena tvoja
Kosa
U grlu mi
Pevuši
    opet
Opet si tu
O debelousni
Uokolo za nas
Niko ne zna

PORCULAN KEZILO

Kao jare u oskudan krš
U porculan si sateran
Ili si tamo
Izvan smešnih zbrka
U predugom predahu
Kezilo iz belog hlada
Gledaj kako mi
Niz bradu i prsa
Svet curi
      neprestano
Na mene sikćeš
A iz svog predela
Ne izlaziš

SIJALICA KEZILO

Kupio sam je tamo
Gde se stvari
Nasložene
U metalne račve
Mrze
    iz kutije ne
Izađe žena već
Gologrudi mehur
              tamo tamo
Žice drhte jer
Kezilo
    to na njima
Na tankim
Trapezima
Vežba

SLAVINA KEZILO

Umivam se šumom vode
Nosnice drhte drhti pospan konj
Šepurim se
Na jutarnjoj visoravni tren je
Modar i komotan
I baš zato
Kezilo je
Iz slavine potegao
Za moj peškir
Oteo ga da obriše
Tihe suze
Ukrivene

IGLA KEZILO

Izdužio si se
Kezilo
I kroz iglene uši u iglu
Uvukao
        kad se
Na vrhu igle
Kao fenjerčić
Kap krvi
Zanjiše
Zgužvan se tamo
Smeješ
I do u sam vrh
Lagano ogladnelu
Usnicu
Spuštaš

U POSUĐU KEZILO

Kao da neko plače kao da neko posuđe
Pere
Služavko
Gde se sada krpe cede sa kakvog konopca
Grob ti ne ozelene
Već prema meni sveže rame podiže
U ruci
Memlu držiš koja bi mi pomogla
Znovnke stvari oko mene
Koja bi rasturila
Ali ti hraniš gladne keziliće
I ovog ovde što se iz posuđa cereka

U PROZORU KEZILO

Mila koko mila
Podigni šiljatu glavu
Pogledaj mi lice u staklu
Kako te moli kako sjaji
Iz vlažnog dvorišta kutnjake ne vadi
Okreni okrugle očice
Usmeri torbice
Uz prozor uz žvalu stojim
Zasut sitnežom zasut
Malim talasima
O milo perje zini na mene
Mila koko mila i ti ponosni petle
Da hrpu opet skupite
I da je u utrobama zaključate

ČASOVNIK

Pod njim je lokva krvi
A čini se
Da svoj posao obavlja
Da jednonog u sebi maršira

Ona kukavica kad doleti
On utihne
      ne sme da se oglasi
Poklopi se metalnim ušima
         ostavi me njenom
         nepokretnom
         nadzoru

TI KOJI SE POJAVLJUJEŠ

Ti koji se pojavljuješ kao krošnja drveta
Obećani u svakoj stvari
Mogući liku
        sagledavaš li se
Kroz ova prigušena mucanja
Ili si pak jasni glas negde isturio
Kao što se žubor vode u grmljavinu
Protura
        pa nam ga je samo
Sa vazdušnog grebena iščekivati
Da nam dovikne i da se
U dolinu niz munjino uže spusti
Ovde ti je pak
        senka odebljala
Tako da si stvaran
A sve je drugo utvarna vejavica
U kojoj se gnezdiše likovi
Kezave povorke čiji su skuti
Niz golet lepetali
        ovde ti je senka
Odebljala
Tako da se preteška uspravlja
Obarajući te
        oni što se smeše kao rosa
Da znaju svoj duboki nacrt
Onima pak koji vole da sažimaju
Ti si kezilo sabrao svu uličnu metež
Tvoje ime uhvaćeno u čađavoj izmaglici
Najzad
Onima čiji su prsti kvake
Ti si sadržan u svakoj stvari

U svakom sitom ogledalu
                    vreme je
Kad treba pred kuću izaći
Stolicu izneti
Razvedrilo se ovde u mom stanu
Stvari su se složile u redove
Svrstale u klas što se nadnesen
Ljulja lukavo provlačeći
Trsku kroz moždinu
              granica
Što je samo plamsaji remetiše
Tvoje teške najave u stvarima
Kezilo
     zatvara se
              okoštava
                    vreme je
Da stolicu pred kuću iznesem
Sada kad sve promatra sve

SMRT U STOLICI

Sad su sve repatice otisnute niz tvoje čelo
Ispod krika kao da ništa nije ostalo
Ništa ti više ne šapuće žmirka
Tu si samo da stršiš uostalom
Dosta je bilo lomatanja dok opet ne čuješ
Ono pucketanje ono podzemno nepodnošljivo
                                    nezadovoljstvo
Lezi u muklu nosiljku do sićušne duše zuri
Ovo je poslepodnevni odmor kad su daleko
Sva prizemlja
Na tebe je zinulo sedište
Reci da ti donesu čašu vode
Tu su čisti odblesci i sevanja
No ti ćeš ih sada prevideti
Jer mraz je stisnuo zenice
Na visovima i u dolovima mogu bez tebe
Ne mame te ne priklanjaj se zato
Ne zazivaj ne čiči ne garavi
Ne veri se i ne hrli
Sustao si opkoljen pratnjom zlim povorkama
Kojim bliski ambis nastani
O to je samo poškropljena gibelj
Što na dno tebe ispod grabežljive kuke
Onog koji te zaklanja beše složena
Svet u mišjoj rupi to beše svet ispod trna
A sada otpozdravljaj maši samo
Već si opako preplanuo od svoje sklonosti
Ili još čekaš u jazbini
Gledaš iz nevolje iz pokore iz šuškora
Čekaš ma kakvu nastranost
Pa da ti se ljute nosnice rašire

Da spustiš prst obeležiš pukotinu
Mnogo je ipak njih previše je njih
Pogledaj samo taj masiv pod prozorom
Tlo na kome pade ili se seti drage svoje
Svekolike
Priseti se vašeg prvog susreta kad ti reče
Da si raščerupan petao
Reče i pobeže prema krovovima prema
                                velikom busenju
A ti si svakodnevno jeo mračnu grmljavinu
Na pragu te je čekao verno razgovor
Sa samim sobom tu ćeš reći
Da najveća je slast da nas nema
Na ovoj uzvisini tiše samo tiše
Ovde poslednji put zazivaš
Mnogo je njih previše je njih
Mnogo skakutana mnogo kezila
 svekolika tvoja zagasita tvoja
 njeno rublje puno crnih petlova
 njene šnale koje koračaju ulicom
Mnogo je njih previše je njih
Prevelik je brat tvoj kezilo
 poslužitelj tvoj kezilo
Mnogo je njih previše je njih
Stolica se tvoja rastresla u sto lica
U stolik
Delo je tvoje završeno stolica se
U stonogu pretvorila
Otpozdravljaj samo maši maši dugo
Najveća slast je da nas nema
Reci najzad kakvi su tvoji izgledi
Jer lepo si se uzaslonio rep podvio
Kljun zagnjurio u namrgođeno perje
Kao da se čistiš kao da se rastaješ
Dok dan spram tebe pruža svoj dlan
Providni

ŽDRELO
1981.

PRIZIVANJE NOĆI

I

U Gradu u velikom vražjem Ždrelu
Gde umirem na sva usta
Rugoba poslednja, izobličenje
Svih izobličcnja ja sam

O brate moj od tuđe majke
Javlja se evo Ognjena Kokoš
Na ravnom krovu gore ispod sitnog sita
Poslednja jagoda uzreva

Kroz predvečernju izmaglicu, čađ, dim i viku
Stođavo jedan ćereta
Na vitke barske stolice
Barske ptice sleću

Kako bi me minuli predvečernji krici
Kako bi me minuli
O dođi već bliska noći
Od čiste vode što si
          strašnija

II

U Gradu u velikom vražjem Ždrelu
Gde nesreće se moje mreste
U bari ja sam barsko svetlo
Bezumlju uzrok bezuman

Pored zidova kad odvode me
U sumrak tihe sumrak-želje
Na trgu kroz dim tutnjavu i vrevu
Prosevne opet Zlatna Maska

A ničiji sin, utvara, samotni skot
Stepeništem lagano slazi
U gomilu u otvoren
Pre noći mračan rečnik

Kako bi me minuli predvečernji krici
Kako bi me minuli
O dođi već bliska noći
Od grobne zemlje što si
                    strašnija

IZ LOGA

Iz loga odmah vidi se
Božiji svet
Strašni stvorovi u trku
Mrtvih put
Nad krovovima plavetnilo i dim
Nakazno drveće
Zgradurine u vazduhu večernjem
Nepoznata igrališta
Cisterna koja iz predgrađa odvozi krv
Kao pune čaše
Na uglu skupljene kante za smeće
Smućen i zamračen
U sjajnim prnjama prolazi niko
Deca zla
Na raskršću crtaju decu divovsku
Preko ograda
Njiše se baštinski jorgovan
Gospodar moj
Ljudeskara
Sa visokim
Crnim psima
Traži me okolo

Kroz gradski zaselak
Kroz tišinu
Javiću se opet krikom

Sa dna klopke

Ždrelom Ždrelu

VILINE VODE

Ovde grad iznosi
svoje čaše pune smeća, korpe, crne kese
Ovde se godišnji suncokret
u riđe neko ulje satire
Ovde sam se i ja, gubav
ničiji sin i ničiji brat
ničije zemlje crni stub
po drugi put rodio
Ovde za mnom
kao moje mnogobrojne majke
vrane podskakuju
Ovde ću odrasti
sa velikim krstom na temenu
Ovde ću dragu naći
lepoticu s kosom od žice i stakla
Ovuda jagnje luta

DUNAVSKI KEJ

Između sivih zidova, stena
Iz sivih zidova
Između naopakih vatri, leda
Iz naopakih vatri

Ja, pretučena gradska magla
Ja, slepo oko roda
Ja, prljavo kokošije legalo
Ja, crnog češlja sin

Dođoh ovde posle velikog zla
Da se osmehnem, prelomim
Dođoh ovde posle velikog zla
Da reku iznova pređem

Dve mrtve na keju ribe
Moje su nove cipele
U njima ću sve stazom potonjeg talasa
U moj Grad pod vodom

SEVERNI BULEVAR

Sad sam ovde moj bože
Zaboravljeni mrtvac
Sa okruglim
Očima suznim očima

Pored ograde grobljanske
Ispod drveća
Šetaću se opet
Svu noć dugu

I nositi svoje
Pod košuljom trulom
Novo telo
Mračno saće mrtvih svet

Sa visokih prozora
Svetlost vaša
Svetlost nedokučiva
Neka me obasja i nahrani

SLAVIJA

U mnoštvu u tvom prstenu živom
Slavijo mrtva boginjo
Kao krastav bog
Ja sam sa sobom govorim
Dok sa dna
Lanjski sneg pada veje ludilo

RODNI KRAJ

To je predeo iz sna

Brežuljci krvavi
Potočići gnoja
Travke-tkiva

Sa lišća debelog
Nakaznog drveća
Kaplju krv i bala

Odnekud dopire glas
Gde si mi ti
Gde si mi ti

Nigde sam ja
Nigde sam ja
Na to će stooki strah

Zakukuljene prilike
Crne povite
Okolo krstare

Vetar donosi
Mumljanje riku
I vlažan vazduh se ljulja

Ovde će biti
Sasečena najzad
Poslednja Životinja

Čuju se udarci tupi

PASJA PRESKAKALA

Evo moje slike:
Drevne gospodare one
   jastreba i zmiju
pobedio je prvi pacov
Insekata sijaset sjajni
spojiće oko Zemlje
dugu čudesnu dugu
U ljubavi i proždiranju
nepoznata čudovišta
na proplancima leže
O čujete li vi
savršenih gmizavaca
tutnjavu siktanje
Majka Strahota osipa
iz krvave svoje uvale
petonožnu odojčad
koja zemlju i vazduh jedu
Živu vojsku radnu
crva nepobedivih
otkinuti božiji prsti predvode
Pod ogromnim drvećem
bujaju gladni spletovi
Zverčice hitre okolo
za sobom vuku rodnu sluz
Ispod crnog kamenja
tuče živo vrelo crno
Od pećina i jama
prolama se divlja jeka
Sa litica vise
mrtve munje i anđeli
Porodice mnoge zle
bore se u toplom vazduhu

Ogromna šumska Koka
kiti se plamen-perjem
i ona će ubrzo ah ubrzo
na naše glave sleteti
i iz tih jaja izleći
       istinski NAKAZNI SVET

OKCE, OKCE ZLO

U skrovito svoje tkivo u pazuho rodno
Presadio sam Okce Zlo, Okce Zla
Presadio sam

Da sam se izmenio sasvim da više nisam
Onaj
Govore mi prijatelji i oni koji mi prijatelji
Nisu bili

I zaista ja ih gledam malo neobično malo
Strašno
Gledam i ćutim i odlazim u mračan otvor
Tamo

U okrvavljene ralje razuma u lični krug
Ognja
U okno krtičnjaka boga-krtice u zaselak
Ludo

U slavu

SONET NA ULICI

Na zažarenom asfaltu
videh danas
sivu konturicu
spleskanog pacova

O valjalo je preći hitro
taj put zvezdani
od jedne kante za smeće
do druge kante za smeće

Gore sasvim iznenada
u krvničkom vazduhu
strahovito kriknuh

Gospodin neki što
išao je ispred mene
užurba kratkim nožicama

ZVEKAN

Tamo onaj
što iza ugla zamače
jednooki
zgrbljeni
sa žilet-jezikom
nitkov
koji
zečeve kolje
kroz grad
nosi
za krvcu
posudu
i oštru
sekiru
pod pazuhom

Okolo širi
miris snega

RUGALO

Umoran sam umoran
jer ceo dan bogovetni dan
za mnom ide te ide protuva
otvorenih usta okruglih
izbačena jezika

SUNČEV SRAM

Živim
u sobičku-jajetu
obložen
prnjama
zavojima
ledom
maglom
obložen
starim novinama
obložen
mišjim runom
zastavom
posleponoćnih

Jutrom me
kad prozor otvorim
sunčev sram
oblije

RUŽA

U rukavičarskoj radnji
kupio sam
        crne rukavice
na kamenoj sekiri
          šilo naoštrio

Pa dođi mi večeras
u prozor kucni

Pa dobaci mi večeras
kroz prozor ružu

CIPELE CIPELICE

Posle bioskopske predstave
odvodim te u Rupu
i pokazujem ti
kofer pun noževa, crne rukavice, masku
svileno uže svileno
munjevitu žicu
pipak prst
iglu zub
prve životinje sjajnu krljušt
čudilo
ali
žrtvicu moju moju milu
ti nisi mogla videti
samo su pune
svetlosti
dnevne
njene cipele cipelice svu noć dugu
pod krevetom
trupkale
tiho

PROZLIO SAM SE, PROZLIO

Žgadijo
vesela žgadijo
Vi slepe krtice
i vi repati
Vi sa krvavom planetom
u duši planetom
Vi raskalašni
koji haos u malom prstu nosite
Vi sa ugrađenim
stvarima čulima
Vi nežne zečice
i ugojeni jazavci
Vi Vi Vi

Da znate
da sam se prozlio najzad prozlio
i da se moje telo
u odvratnu veliku
žlezdu pretvara.

Žlezdu-zvezdu

U PREDVEČERJE

U predvečerje
Kad mi je dosadno
Zamišljam svog ubicu

Mrav taj
Vuče vatru za sobom
  Vuče vodu za sobom
    Vuče crnu zemlju za sobom

GAVRAN, SNEG

Nije se izdvajao
od prigradskih
starudija smeća sive pustoline
dok sneg ne pade

u čiči crnosjajnog perja
okretao se podskakivao
sličan duši koja se priprema
bogu večnoj udovici

otežali nebeski činovnik
sad je odasvud
bio vidljiv   sasvim crn

od najbližih kuća graja dece
čovekove mladunčadi
podiže ga u vazduh u vatru

preko cele zime sipalo je
　njegovo belo perje
　　a ja sam
　　　kričao i napadao

SONET NOĆI

Velika mudra noći
Ti me izvlačiš
Ispod zidina gradskih
Iz zgloba čudovišta

I na pusti trg
Bezumnog izvodiš
Da se oko samog sebe
Iznova okrenem

Da opet vidim
Da još sam živi
Stvor u vazduhu

Sin tutnjave i dima
Sin izgubljeni
Usamljeni, usoljeni — Niko

SONET STRAHA

Pod strah-strehom nadvitom
Noćas stojiš
U nemirnoj senci stojiš
I čekaš me

Ti lokalna propasti
Užagrenih očiju
Telesino mrka, uspravljena
Čudovište probuđeno

Slepi miševi, tvoja
Čula leteća
U strašnu ti kosu padaju

Odasvud oni vesti o meni
Prinose i — pletu ih
U mračne tvoje pomisli

*

Mene i sve moje velika noćna glad obuzima
Da su mi štake od najdužeg zraka zvezde najdalje
Svite skovane
Ne bih mogao iz ovog mračnog ždrela iskoračiti
Obliven znojem i pljuvačkom finom
Budim se usnivam
Apsolutno grotlo radi
U ludilu ključa
Prema meni izbacuje penu bleskove riku
Čudovišta jedinstvenog
Dno koje samo sebe donosi proždire
Ludog boga jamsku jeku
Večnih misli večnih ledenica
Lomljava prolom huka
O velika nemani
Svih mrtvih moćni spletovi
Ruku-polipa
Kroz noć se ovu najdublju
Prema meni podižu
Ti telesno klupko
Ti bezumno
Grdilo

U kom ću nestati
   Najzad nestati

*

svet je božanski
prazan prostor
mračno ždrelo
bog je
ogromni večni insekt
koji
bezbrojna svoja
krilca i potkrilca
isukuje i sklapa
sklapa i isukuje
okolo
mrtve zvezde kruže
čisti kristali
duhovi opijeni
negde tu
i moja duša
topla maglica
lebdi plače lebdi
usniva mirno
u poslednjoj strogosti
svega što jest i jest i jest

OGNJENA KOKOŠ
1982.

AB OVO

U rodnom zidu u daljini
  s one strane stvari i jezika
    sklupčan dok se budiš i rastavljaš
od tebe moćni stvore
  na vrtnom drvetu lišće drhti
  i mračna žestina dopire odasvud
jer ti si dojenče i starac
i krvavi čavao što se
iz prašine podiže

I ovde ovde
iznad postelje umirućeg
    javlja se ogromno okruglo
    žarkim prstenjem napunjeno
    kristalima pramaglinom napunjeno
    uznemireno zažagreno
javlja se
tvoje oko vrhovne Kokoške

Kad vazduh
na mrtvo lice naleže
  kad se više živi oblici ne smenjuju
  kad je sve uništeno otklonjeno
otvara se
      noću
          tvoje puno pismo

POKRETAČ PRVI, DRUGI

Potreban si mi
Da potrebniji ne možeš biti

Uređaje mnoge da mi
Uključuješ isključuješ

Dole
Dok besni Uništenje
Odmaraj se u mom radnom vrtu

Samo ove žice da ti
Za članke vežem
I kacigu stavim
Na božanski lepu glavu

RAZGOVOR

Jedno me kiklopče
na ulici presrete i
upita
    gde mi je
gde mi je
gde mi je
drugo oko okce

Nemam ga
Nemam ga
Nemam ga
Nije se nikada
Ni otvaralo

RAZGOVOR

Jedna me dvonožna kesa
na ulici presrete i
upita
    šta to
pod pazuhom
i u kesama
nosim nosim nosim

Ništa
Ništa
Ništa
Mrtvog Slavuja
Mrtvu Kokošku

TRČIM SA ŠESTAROM ZABODENIM U TEME

Dole
trčim dole
iz ulice u ulicu
iz ulice u ulicu moj gospode
sa šestarom tvojim
zabodenim u
teme

SAGRAILO

U predvečernjoj vrevi vidim ga
kad grad je prevrnuto ulište
zuj nesnošljivi —

Sivog skota mnogoudnog
kako na uzici psećoj
duž zidova jagnje provodi

Kroz mnoštvo i stisku
kroz dim i tutnjavu
u ustima stručak karanfila nosi

Trotoarom uzdrhtalim
trag ostavlja: ulje, izmet
katran i staklenu vunu

Na njegovom se ramenu
divovskom, povitom
poslednji sunčev zrak prelama

POSLEPONOĆNA

Posleponoćna
pod mrežama i krljuštima sjajnim
hodnikom prolazi i udara
u bubanj pun miševa

Na stepeništu su
tanke lestvice njene: zraci upleteni

Po zidovima zvoni
svetlost čista
po stvarima pada
rosa, inje, led

Zabezeknuti stvorovi noćni
sad mogu videti
lice plodne nule, smrt, jezičaru, ponor

O to mračno saće
u majčinskom krilu
što se okreće
          za mene je

Ona evo
moj kućni kaput oblači
i na postelju mi
kao za radni sto seda

NIKO

Pokazuje mi noćas
kosu od žice i stakla i cveća
dvosekle usne
petokraki jezik

Ah raskopčava
svilen prsluk
ah tu mu je ipak telo —
zlatan sat

A dole dole
u senci nogavica
umesto stopala
dva točkića ima
                dva vražja
                        točkića

IGRAČKE, SAN

Noćas mi se majka rodila

njen plač dečiji
ispunio je našu
kuću u predgrađu

okupanu u pelene sam je
uvio
    i tako čistu
u krevetac smestio

iz ugla sam doneo sve svoje
igračke
    dunuo dvaput
u malu plastičnu trubu

Zanjihao crnog drvenog konjića

NOĆNA RAZMATRANJA

1.

Ako te ne rodi Sablast
rodiće te Niko

rodiće te Niko
ako te ne rodi Niko

ako te ne rodi Niko
rodiće te Sablast

rodiće te Sablast
ako te rodi Sablast

2.

ako te ne rodi Crna Rukavica
rodiće te Maska

rodiće te Maska
ako te ne rodi Maska

ako te ne rodi Maska
rodiće te Crna Rukavica

rodiće te Crna Rukavica
ako te rodi Crna Rukavica

3.

ako se ne rodiš na Trgu
rodićeš se na Ravnom Krovu
ako se ne rodiš na Ravnom Krovu
rodićeš se u Podrumu
ako se ne rodiš u Podrumu
rodićeš se na Noćnom Nasipu
ako se ne rodiš na Noćnom Nasipu
nećeš se ni roditi

MAČJI ŠTRAJK

Noću ga budi mačji kašalj.
Pridiže se, ustaje.
Navlači kućni ogrtač jer hladno je.
Nazuva papuče jer bos je.
Polako prilazi prozoru.
Pomera zavesu, gleda, vidi:
Dole,
Niz celu ulicu,
Sve do Trga Republike
Hiljade i hiljade fosforescentnih plamičaka
Hiljade i hiljade mačaka
Hiljade i hiljade podignutih repova.
Mirno
Navuče zavesu.
U toplu
Vrati se postelju.
Zevne,
Kaže:
— Mačji štrajk.

DOLAZE PO MENE

Dolaze po mene tri ratnika pod maskama
i pružaju mi odeću
od starih vreća sašivenu

O to je tvoja nova uniforma — kažu
O to je moja nova uniforma — kažem
Svi vide tvoju novu uniformu — kažu
Svi vide moju novu uniformu — kažem

U njoj ću godinama
nepoznatoj otadžbini služiti

Boriću se, ako treba, do poslednje
kapi krvi

Biću odan

ČOVEK IZ INSTITUTA ZA SMRT

Evo još jednog
iza tamnih naočara bledolikog

Plast kose trule
na lobanji mu sedi

Crtom stisnutih usana
svetla buba trčkara

Iz rukava mesec-šaka
prosevnu u noć

A taj
pokretom teatralnim
pored uzglavlja
ostavi mi noćnu poštu
i kao u šali
pripreti mi
prstom

LOPUŽA

Po tlu vuče repinu, lopuža
Hrani svojih hiljadu miševa
Jede, ispija, loče
Povazdan peva crne pesme
Veseli se svojski
Striže zadovoljnim ušima
Vuče nadole nagore
Trguje bogme šupljim dukatima
Krade i potkrada
Zaveštava zidove, pepeo, vazduh
Puni torbu nalik grobu

Uvlači se i u zmijsko jaje

Trči unatraške prema haosu

ISUS

Isus
Isus naš
Isus naš jastuče za igle

JEDNO PERO ISTRGNUTO IZ REPA OGNJENE KOKOŠI

Nek počivaju u ledu.
Nikada se više
vratiti neću
rodnim planinama, stablima, magli.
Ne tiču me se
šumske prodoli, pečurke, lasice mudre,
jame pune lanjskog snega.

Ne tiču me se divlji golubovi.

Ja sam Ognjena Kokoš,
ja pevam u podne,
u mnoštvu, na trgu, izgubljena.

Moja je motka moj dom.

O, bože, tako sam srećna,
tako sam bogata,
tako smešna.

Sve vidim okruglim očima.

O, ja sam groza i vesela vedrina,
vatra na stvarima.
Pod mojim je plamen-krilom
ludi svet.

Ja sam vatra što oblikuje Jaje.
Ja sam vatra što oblikuje.
Ja sam vatra.

Plamteće grdilo ja sam.
Prvo čudovište.
Kraljica užasa
na čijem
peru svakom
gori po jedan živi
nakazni lik.
Nakazni lik ja sam.
Kraljica užasa.
Strah u podne,
krik,
pometnja,
lepet.
Grč i svetlost.
Među razdirućim zvucima
razdiruću zvuk.
Zastravljenih usta
nemi znak.
Zlatna kandža,
zlatna volja,
zlatan kljun.
Kljun
što noću
zaspale mozgove
ispija.
Perje, kost
i krv koja
leti.

PRVA PLOČA

ništa stravilo voda stravilo vazduh stravilo
duh stravilo šume stravilo planine stravilo
pokret stravilo snaga stravilo život stravilo
zveri stravilo potoci stravilo staze stravilo
ptice stravilo noći stravilo dani stravilo
ljudi stravilo žene stravilo deca stravilo
godine stravilo sela stravilo gradovi stravilo
stvari stravilo oruđa stravilo oružja stravilo
knjige stravilo sprave stravilo zvezde stravilo
demoni stravilo anđeli stravilo bogovi stravilo
ogromno stravilo beskonačno stravilo nemoguće
                                        stravilo

RITUAL

Paklena bebo
paklena bebo
pod zemljom si ti
jaje si ti
sklupčana energija si ti
jaje si ti
pritajena energija si ti
paklena bebo
jaje si ti

pretnja si jaje si
strašno si jaje si
krajnje si jaje si
izrod si jaje si
krajnje si jaje si
strašno si jaje si
pretnja si jaje si

vrati se Bogu Kokoši
vrati se Bogu Kokoši

LUDAČA

Utonula u sramotu
na tvrđavi, pored topova
dok se slika, a bog dragi
odasvud snima

ugovaram
da joj budem mušterija
krvav konac

krvav konac u noći
krvav konac u iglenim
ušima

veštičja posuda
puna rose

LEDENICA

Ledenica je kristal-ženka
hladna dragana
o njoj sve znam jer ona je
moja dragana

U starom parku viđamo se
tajno
pod drvećem

I njene riđe sluškinjice
veverice
siđu   dole

Da i one nešto
pojedu

SLAVUJ

S kapljom ulja u kljunu
mehanički slavuj
mračni stroj užasni
drugog boga prvi sluga peva klikti
da sve što postoji
izobliči
    u nakazu jednu nemoguću

RADNA SOBA

Jedna stolica jedan sto
jedna na prozoru slepom zavesa
jedan krevet-kotao-krevet
jedan okrugli noćni stočić, pored

Stvarčice
po sivom podu rasuti češljevi
kalemi testere ljuske
prnje mišji izmet koske tamna građa

Vrata
u debelom zidu zagubljena
plafon koji naleže
uglovi u strahovitom stisku združeni

Na stolu otvorena knjiga Rukopis
i jedno anđelovo perce
u leđa moja zabodeno

PESMA JAGNJETU

    Jagnje Jagnje neuništivo
Ti koje si natovareno kristalima planinu prešlo
Jagnje iz najdalje pećine
Jagnje koje si po crnom kamenju mokrilo
Čigro što se na najvišoj steni okrećeš
Jagnje s runom od kostiju
                  U najdubljoj noći
Među starim stablima blejiš

            Jagnje koje pamtiš
Jagnje koje paseš brstiš mozak čovečiji
Jagnje koje si izmislilo plavetnilo
Jagnje svih svodova
Jagnje koje za sobom ostavljaš jagode šumske
Jagnje koje otvorene oči iznova otvaraš
Jagnje sa vodama najdubljim
                  U užagrenim očima
Jagnje Jagnje neuništivo

            Jagnje crnogoričnih šuma
Sa vencem iglica u runu
                  Jagnje smrekovih strana
Sa modrom bobicom u papku
Jagnje od ambisa najdubljih niz planinu slaziš
Jagnje koje kroz noć širiš miris jelovine
Jagnje sa grudvama lanjskog snega na leđima
Jagnje belozubo Jagnje visonogo Jagnje koje ćeš me
Ubiti

    Jagnje strahovito
Iskopalo si mi noćas usred sveta
                  Zgodan grob

Gde ću se smestiti najzad smestiti
Kao što se jezik tvoj među vilice tvoje
                           Tačno smešta

POGANI JEZIK
1984.

U FRIZERSKOM SALONU
(fantazma)

Noću u frizerskom salonu
Anđeo s makazama sjajnim
Primače se levku-uvcetu
Arhanđelu s monstruoznim češljem:

— Ako je Bog mrtav, ako je
U ponor pao, na njegovo
Prazno prestolje postavimo odmah
Frizerku koja savršeno pravi
Frizure.

OBLUTAN
(noćna obredna igra)

Telo
izlazi iz vode,
zdepasto i teško.
Oformljuje se glava; udovi se
velikom brzinom, nespretno,
po tlu kreću. Riblja usta, požudno,
srču noćni vazduh. Čuje se krkljanje novog stvorenja.
Na glavu mu stavljamo tanjirasti šeširić i
                      izmišljamo ime.
Bog neka mu je pri pomoći.
I svi anđeli.

ON NOSI ŠAKALOV ŠAL...

On nosi šakalov šal oko vrata.
Kad na posao krene, pred njim se jutarnje magle dižu.
Noćni je talenat i dnevna buka,
Sa crnom tašnom Idol.

Pored šaltera mu se klanjaju ženke-spajalice:
O, kako je naš fantom lep!
Visoko podigni svoju srdžbu, jer će ti je oteti,
Sa staklenih se vrata ukloni.

Nedeljom se na visokoj terasi odmara,
Posmatrajući mrtvi grad...
Obilan mu obed laska, a vino razgaljuje:
Samo su na praznom stolu koske

Bele, čiste i božanske.
Nad vodama i kopnom nek zavlada veliki smrad,
Nek se razvije moj šal,
Zna ti on tada reći.

RESICA, PISMO

Ko nam je umesio hleb?
To ne možemo
znati.
Zauvek
ostaćemo sklopljenih očiju.
Rimski robovi u predvorju.
Hristovo je telo od gadosti naraslo.
Gde je ona
zlurada čistota
svih slobodnih?
Gde je noć starija od sebe?
Gde su zapenjeni i mahniti?
Gde su prokletinje
da nas, gole, pokriju govorom?
O, sve je tako udešeno, zapečaćeno, spaseno.
Vani večna volja teške žrvnjeve okreće.
Svaka umilnost
proždire.
Ko nam je umesio hleb?
Zla sudbina,
crni bršljan,
sedam zvezda,
zar?

ŠTA JE REKAO MLADIĆ

Sad si moj, rekao je mladić.
Sastaviću ti zube i kolena, majkoviću.
Ja sam anđeo koji će ti začepiti usta.
Pomokrićeš se u cipele, plakaćeš u moj rukav.
Propevaćeš sa zvučne viljuške.

Sloboda će biti još samo tvoj krik.
Moji će te srećni mehaničari dobro zašrafiti.
Tirančad ili jagnjad — biće ti svejedno.
Baciću te u čarobni podrum, među mišje kosti.
Pevaće ti gluve udovice.

Izvešću te na proždiruću svetlost, da te osmotrimo.
Seoskim drumom vući ćeš puna kola.
Skupljaćeš mi med u pustinji, ja ti kažem.
Podsećaćeš na sinčića zlatne kosice.
Svet ćeš zaboraviti kao svoj prvi dečji crtež
Što si zaboravio. I nemoj se suviše nadati:

U zemlji mrtvih leži samo ogromno božje telo,
Ljudski grob je slanik.

JUTROS SAM PROLAZIO PARKOM...

Jutros sam prolazio parkom, pored starih stabala;
tri su se sunčeva mlaza, padajući kroz krošnje,
u ostriženi travnjak zarivala. Zastao sam i seo
na najbližu klupu. Razmislio o svom veselom životu.
Podižući glavu, rekoh sebi: tu je moje tajno oružje,
svetlosna viljuška zabodena u travnjak! Trozubac
                                          divni!
Svima ću unutrašnje oči povaditi, oslepeće pre slepila,
ništa više neće moći videti sem svetlosti...

Čuvajte se, dobri ljudi, ja idem od trga do trga,
od bulevara do bulevara, od ulice do ulice,
sa svojim oružjem, plačući...
Sa svojim oružjem, svetlim oružjem, ridajući.

ANTIPSALAM

Gospode, unakazi me, Gospode, smiluj se na me.
Gukama me ospi grdnim, čirevima nagradi.
U izvoru suza otvori izvor gnoja i sukrvice
blage.
Okreni mi usta naopako, pogrbi me, iskrivi me;
pusti krtice da mi izriju meso; nek krv
oko tela kruži. Tako da bude
Sve što diše, nek mi vazduh otme;
sve što pije, nek iz moje posude pije. Svakog gada
navrni na mene.
Nek se neprijatelji moji okupe oko mene,
i nek se vesele, slaveći Te.

Gospode, unakazi me, Gospode, smiluj se na me.
Sve krivice oko mojih gležnjeva veži.
Zaglušim e bukom i bunilom, uznesi me u svakoj
nesreći.
Obuzmi me strepnjom i nesanicom, razderi me;
otvori sedam pečata, izvedi sedam životinja;
svaka nek moj mozak grozni pase.
Svako mi zlo spravi; svim mukama,
svim jadima, svim pretnjama pokaži prstom na mene,
tako, tako, Gospode.
Nek se neprijatelji moji okupe oko mene,
i nek se vesele, slaveći Te.

IZ „LUDNICE"

7.

On je bio Autoritet. Ja sam mu se u strahu
Ispovedao. Uvek je dolazio u sivom vojničkom
Šinjelu. Strašan, podbuo, ćutljiv.
Kad je govorio, vikao je. Kad je ćutao, pripremao se

Da podvikne. Kazuj, kazuj! Sve po redu mi kazuj.
Ja sve znam, ali mi ti sve ispričaj. Hoću iz tvojih
Usta da čujem sve kako je bilo. I ja sam pričao
Sve kako je bilo. On bi klimnuo glavom i bez reči
                                                                    izašao.

Jednoga dana sve mu potanko ne ispričah i on me
                                                                    odmah
Kazni. U uglu sam klečao, na mišjim repovima klečao.
On je pak stajao nasred sobe, uspravljen, visok, u
                                                                svetlosti.
Posle toga nije dolazio: Otišao je da uništi sunce i sve
                                                                       zvezde.

NATOVARIO SAM SEBI NA VRAT...

Natovario sam sebi na vrat sve divne i predivne stvari.
Na moj je život stavljena vaza sa cvećem.
U tišini umirem, pored zida, ležeći.
U snu me gile anđelčići, deca-duhovi.
Svetlost pada između zavesa, na žuti pod.
Nekada sam čudovišta hranio, bio radan, bio opak.
U svet sam krijumčario nešto strašno i prvobitno.
Bio sam grešan; sad sam pomiren.
Moja je svest ravna i crna i mirna.
Sad znam da Bog nije mrtav; Bog je gladan.
Kad dođe, ješće pečurke sa Zemljinog stola.
Najzad ću čuti blejanje božjeg stada.

Sunce će podići svoju damsku haljinu, bežeći.
Svako će Ja iščeznuti kao žiška u pepelu.
Biće to kikot sastavljen od krikova samrtnika.
Mrtvi i živi pomešaće grive u suludoj njisci.
Knjige će biti svedene na jedno slovo i — sklopljene.
Svedržitelj će svet ispustiti iz svojih suvih ruku,
Kao špil karata posle iscrpljujuće igre.
Dođi i vidi kako danima ležim pored zida.
Ponovo će zidovi postati crni i beskonačni,
A svako stanište mračna pećina bez vatre.

BATINAŠ I NJEGOVI . . .

Batinaš i njegovi krotki
jaganjci
na pašnjaku su već u slepoj
ulici

Zvezdu čuvaju mnogobrojni
kraci
crnu rukavicu crni
prsti

Šta sad moje umoreno
telo
zar se može oteti
ničija
zemlja voda i vatra

Duvaću malo u njihove
prazne rukave
kad usnim kad se sklopim
u postelji.

SPIS, SVILA

Oči si sklopio, ruke prekrstio,
u najdubljoj kućnoj tmini,
iznad jeretičkog spisa.

I ti se prihvati ćoravog posla,
i ti budi propovednik ljubavi.
U prirodne se jame spušta svaka milost.

Davni, već zaboravljeni zločin
daće ti divovsku snagu.
Ruku stavi na sveto bedro u noći.

Jer samo tako
Duh (svila) s neba silazi
među nečastive.

CRNA MISA

Skupili smo se, Sovuljage.
Navucimo kukuljice,
otvorimo misnu knjigu.
Na stolu nas čeka
nova curica-cuclica.
Izmerićemo je
krojačkim metrom;
pribošćemo je
svetlim pribadačama,
curicu-leptiricu.
Pa hajdemo,
spasimo je.
Priđi, priđi,
prvopričesniče.
Nek ti ne zadrhti
kljun;
nek ti ne lupne
krilo.
Brže, brže!
Um!
Rektum!

RUGLO

1987.

VRT SA LUDOM

1

Pred razrogačenim očima
Jedna se grana pomera:
Jeleni trče zelenim
Padinama. Niko im
Ne može pomoći.　　　Vreža malina
Kraljevska je
Kruna.　　　　　　　Drevno je
Kretanje pljuska iznad
Predela. To je najstarija raskoš
Na Zemlji. Mir se rasprostire
Iznad žrtava.
Smrt je izmislila celuloid, đode, splin i penu.
Jedan je oblak sličan turskom turbanu.
Bučno se stropoštava sve što se
Stropoštava. Stršljeni umiru,
Anđeli pevaju.
Bog na nebesima jede ribizle.

2

On je nepodnošljivi ON.
Često tako stoji —
Kao vampir sa značkom
Davaoca krvi u reveru.
Pomeri se! da prođu
Krda na pojilo, krda
I goniči. Anđeli gore
U svom perju. Nećeš više
Videti bizone, svilene
Bube Zemlje. Pomeri se.

3

Ne ujedaj
Tu zmiju;
To majmunče
Ne pridavljuj!
Uzmi ga na ramena
I idi u šumu, gde sa
Nadvešenih grana kaplje.

Danima ćeš
Pešačiti
Pored
Zidova.

Bosonog.
Siv.

4

On je na rubu pameti ON.
Bele mu se beonjače
Kao smetovi, kao latice
Bele rade, kao morska so.
Ne dodiruj ga! pođi
Prema gvozdenoj kapiji,
I dalje, niz padinu.
Tiho zazivanje ako začuješ,
Ne okreni se, idi, idi
Pored staze. O božjoj plati.

5

Sve zvoni.
Sve zvoni, Bože.
Sve zvoni, Bože moj.

Sve zvoni, Bože moj, jer
Na kraju šume, gde ruka ne doseže,
Gavran rastrže goluba. Vest se tvoja
                                 oslobađa.
Niko to ne može dokučiti, Bože moj.
Niko to ne može iskoristiti.
To je tajanstvo, ton.

Sve zvoni, Bože moj.
Sve zvoni, Bože.
Sve zvoni.

6

On je poskok-vodoskok ON.
Tako on stoji u vrtu,
Jedan, uzdubačen, zao.
Kao stub svetlosti usred
Đubrišta, kao prvi čovek.
Gle! oko sebe se okreće,
Prema budućnosti: sledu
Podvala, inicijacija, zala,
Nagoveštaja. Prema smrti,
Istoriji. Logosu krvavom.

7

Obor!
Puno korito, latice, mirisi, isparenja.
Vratašca vezana žicom,
Namaknute omče   na kolje:
Tu smo dakle,
Nema mrdanja.
U lejama luk,
Na bunaru čckrk, kofe, gumene čizme,
U sušari suvi klipovi.
Gazda u gunju

Vrzma se okolo.
Iz gaja kukavica kuka.
Lep je dan u seocetu.
Što pre se vrati
Nazad.   Zaboravi šta si video.

8

On je na granici ON.
Saznanja i poraza —
Čega li? Često je njegovo
Kretanje tutnjava, a
Mir: haos, žurba, mimika.
U podne svetli kao
Noćna misao, kao gmaz
Na suncu. Jer on dolazi,
Razotkriva se mučno.
U skučenosti, u teskobi.

9

Ništa ne može videti
Stvor
Zavaljen u sebe!

Ništa ne može čuti
~~Onaj~~
Koji je sve prečuo!

Ništa se ne može dodirnuti
Božjak
Izgubljeni prst božiji!

Ništa ne može saznati
Sveznanja
Prvo i poslednje slovo!

Utuvi već jednom,
Beštijo
Suznih očiju.

10

On je na putu ON.
Kamenje, ruine, zidovi,
I drugo sve. Još:
Uvale, pristranci, vrhovi.
U staroj dolini volovi
Cvetnim prahom posuti.
I ptičje zborove sluša
Idući kroz nemoguć gaj.
Sad baš u palatu ulazi.
Nemoj poći za njim.

11

Kretene Prevrnuo si sto
Kretene Krečko Kriva
Kuburo Vaza se razbila
U paramparčad Voda je
Zalila šljunak Ispod
Vrtnog stola Odmah se
Ocrtala dole Karta

Vodene Zemlje. Gledao si
U to čudo U taj bezdan
Tamo Kretene Kreču Medu zidova.

12

On je razdragani ON.
Stoji on tako, tu pod
Krošnjom, kao poklič u

Grlu, sličan biljnoj
Vaši, sličan pobeđenom
Zmaju, dirljiv, srušen.
I plače, pišti, jedino
Kako može: samo suzama
Radosnicama: ushićen
Nečim, ničim, materijom.

13

Mahuno   Pramajko
Otvori se mahuno
Progutaj moje kosti
Rigni   Ti si muzej smrti
Kotao
Mrtva
Mula.
          U muklim tvojim
Riznicama
             Zlatne kokoške
Kvocaju...
Trula mušmulo pod božjim prstom
Čas je.

Primi me vatreno čudište
Primi me mahnito čudište
Primi me nemoguće čudište.

14

Ovde
Sve je samo
Govora početak
Vrh plamena
Vrh mača
Neutaživ
Bol.

UBICE SE SUNČAJU

Ubice se sunčaju na plaži
   crnog peska   žuti psi su
   novi geometri   jedna žena
   čavle prodaje   i peva
   iza sedam prstiju zgrčenih
   o majko o slomljena
   ljudi dolaze da te vide   dama
   sa pasjom ogrlicom u ruci
   kći tvoja
   ošinuće te preko lica
   kći tvoja
   o majko o slomljena
   zapevaj samo meni
   klonulom u mukama
   meni litici meni tmini
   nebesima iznad
   bezdana

PREKOMERNA JE MOJA SREĆA

Prekomerna je moja sreća
   voće sa pčelama   bogosluženje
   milost   glas
   proždirača čujem
   rad podmetnutih klopki
   planove lukavog   čujem
   zablistale su opet
   na tanjiru masline
   sad znam da sva je
   moja poezija bofl
   doga će pojesti moje
   rukopise rane
   zaplakaće rols-rojsevi
   zaplakaće jaguari
   proći će i ovaj
   mesec medeni
   sekira će u med
   pasti

JAVLJAJU MI IZ CENTRALE

Javljaju mi iz Centrale
  nakazo među ljudima probudi se
  upali svetlo   probudi se
  pored uzglavlja ti leži knjiga
  vučjom kožom opšivena   izabrani
  očitaj sebi naopaku molitvicu
  obuci se   siđi dole
  u parku je spravljena lomača
  gorećeš   na mesečini
  riđi rođo   ne zakasni
  svi smo nestrpljvi i svoje maske
  okrećemo
  prema tebi
  iskežene   plamteće   na motkama
  masku kurvića masku prasca
  lisice
  kojota

DOK NE STIGNE NALOG

U kamionu gradske kafilerije
   tri radnika   radnik
  sa kukama i sekirama
  radnik sa konopima
  radnik sa krvavim
    vrećama
  sede puše diskutuju
  nedaleko
  i njihov šef
  vodi važne
  razgovore
  inače

  noć je osuta
  zvezdama
  u tami crkavaju crne
  mačke

MALI KATALOG SLIKA

1.

U jednom mrtvom gradu
psi lutaju
između leševa pasa

2.

u jednoj slepoj ulici
dečak kotrlja
oreol svete majke

3.

u jednom dvorištu
na krstu
raspeta kokoška

4.

u jednom bordelu
iz lule mušterije
podiže se dim
— crna ženska čarapa

5.

u jednom predsoblju
mnogo cipela mantila
šešira rukavica
a kuća pusta
nigde
    lica čovečijeg

6.

masivni suri
nepoznati predmeti nad vodom
spasenje

SKLADIŠTE, BIČ

Neko dolazi ovde
tajno u sumrak
oblači kišni mantil
nazuva čizme
uzima bič
izlazi
neko
dolazi ovde
u zoru
odlaže bič
skida kišni mantil
izuva čizme
osmehnut
zadovoljan
usrećen
kao jaje u jajetu

kao pacov u
pacovu

RODOSLOV DŽELATA

Krvolok rodi Blagoga
Blagi rodi Pravednoga
Pravedni rodi Majstora
Majstor rodi Doktora

Doktor rodi Utvaru
Utvara rodi Gospodina
Gospodin rodi Gavrana
Gavran rodi Slavuja

Slavuj rodi Ljubaznog
Ljubazni rodi Prijaznog
Prijazni rodi Odurnog
Odurni rodi Presvetlog

Presvetli rodi Kobru
Kobra rodi Pitomog
Pitomi rodi Šakala
Šakal rodi Putnika

Putnik rodi Zlotvora
Zlotvor rodi Leptira
Leptir rodi Štiglica
Štiglic rodi Krmaču

Krmača rodi Zrikavca
Zrikavac rodi Zumbula
Zumbul rodi Zgurenog
Zgureni rodi Kornjaču

Kornjača rodi Grofa
Grof rodi Hijenu
Hijena rodi Gusana
Gusan rodi Gugutku

Gugutka rodi Bauka
Bauk rodi Ovčicu
Ovčica rodi Dželata
Dželat rodi Dželata

METLICA 50

Metlicom od 50 pilulica
pomeo sam mozak moj grozni
sada u blindiranoj sobi
ležim

bele vrane dolaze i nude mi
bele godine belog života
o pridigni se o pogledaj samo
o lazare

u vratima bolnički berberin
čeka te spreman naoštren
na vratu si paučine povesmo
doneo

preko mrtvih voda mrtvih
nije lako mrtvima vodu nositi
o crnih koza crni kozare
o lazare

moraš živeti uredno lazo
kao smrt što je čista
i svaka usred sveta o sine
o vaskrsli

OGRTAČ, FIKCIJA

U ulici 1300 kaplara
1300 šnajdera
demonu mom
ogrtač šiju

      vetar im
     mrsi konce
    i zmijolike
       kose

U DRUGOM PEJZAŽU

I

Gljive niču
   Na trulim panjevima
      Ko se najede
Gljiva
   Taj zapeni i jurne
      Kroz jaruge
Njišteći
   Kao divlji konj
      Uostalom
Sva je priroda božje bunilo
A ti si gljiva koja na
      Životinjama
      Raste

II

Pastuv rže
   U pristrancima
Pastuv je
      Ludost konjskog mesa
Ludost je drveća
      Lišće
Pogledaj kako drhti
         Kao ti nekad
U tuđim mračnim snovima

OLUPINA

(Crtež olovkom. 25x20 cm)

Premestio čeljusti u zenice,
podvoljke na mršave obraze;
stegna obesio o ključne kosti,
jaje mu cvrči u nadutim ustima.

Usadio zub pod nokat,
izvrnuo burag i stavio ga na lobanju;
zakačio ud pod jezik,
izmešao prste, ukrstio cevanice.

Utetovirao izmišljena slova
sebi po krivim leđima, po grbi, po šiji;
okrenuo uši prema stopalima,
udvostručio usne, zažario ždrelo.

Otvorio izvor na slabinama,
iz pupka — trska, u rupama — celer;
buba mu spava na noktu, crnokrila,
na ramena mu se čađ taloži.

Tabane potkovao srebrom,
u petama mu poljski miševi;
pod pazuhom gnezdo svračje,
pod kolenom živa žeravica.

Ni Bog ga ne sme pogledati,
takva je to mrcina, teška mrcina;
ni grobari mu ne mogu prići,
ni gavranovi, kraljevi Zemlje.

MEDUZA

Bila sam zabava varošana podmuklih
Dugo to nisam primećivala
Sve dok se nisu okretati počeli
I krivim prstima na mene pokazivati

Gomile na uglovima ulica o meni su šaputale

Ovde mi je pak dobro
Senka prozorske rešetke pada na moja ramena

Jutros je buba
Ivicom zdele milela
Bio je to tajni znak milosti mig

Kad me uskoro otpuste
Otići ću daleko odavde
Sloboda je tamo gde me niko neće prepoznati

Strpljivo čekam dobre vesti
I dan kada ću se na dno ljudskog mora vratiti

LUDI STANAR

Vuče noge po podu dok ne svane dok krv ne
Zarudi
Hropće stenje ili danima ćuti kao zid
Plača
Dve kape na glavi nosi ćurak okrenuo
Naopako
Kaže da svet je klopka da smrt je
Klopka
Ponekad se našminka ponekad prašnu periku
Navuče
Misli da je ekserima za daščice zakovan
Misli
Da je kao novogodišnji poklon upakovan
Bori se
Sa dusima koji mu mozak potresaju srce
Sišu
Pribija se u ugao jer na njega burad
Kotrljaju
Pod grlom pokazuje utetoviranu etiketu
MUVLJI MED
Krešti i laje kao pas koji je živu kokošku
Progutao

*

Uvek kad prođem tim krajem pustim
Sa grana nakaznih drveća čudovišnog
Pernati nekakav crni kum
Krštava sve što je u vazduhu
I dole na ogoleloj zemlji tužnoj

*

Pitija iz nužnika u hodniku zapeva
Crvenokosi ludan
Pored prozora crvenom grivom razmahuje
Čaplja na krovu na jednoj nozi stoji
O bože moj ti mi oči podlivaš krvlju
I mozak razdireš zlatnim kukama

FOTOGRAFIJA

Neki čovek
okrenut leđima
stoji pored zida
mokri

vidi s u blagom luku
mlaz
potopne vode
kako pada
u smeće
pored cipela njegovih

fotografija je
na kartonu zalepljena
i obešena
kao ikona

na kosom zidu
tvoje sobe
samrtniče
bledi

VISOKI GOST

Visoki gost posetio
           našu zemlju
intermeco harfa reklame
     film sedo brašno

s tv ekrana mišja hrana

visoki gost odseo
           u belom dvoru
saveti lekara laku noć
        spavajte deco

s tv ekrana mišja hrana

visoki gost priredio
            svečanu za naše
visoke goste večeru
      laža reportaža frula

s tv ekrana mišja hrana

PUSTAHIJA

Ja sam svrgnuti ja sam zloduh
Ja sam pustahija od pustinja svih
Rešio sam sve zagonetke
I sam postao nedokučiva tajna

Moji zapenjeni izvršioci
Na dnu pakla posluju
U kutijici držim zmijca sklupčanog
Pod noktom mlad mesec

Svrdlam kao pas zapišavam kao pas
Po zidovima škrabam
Krivim nožem odsecam uši i noseve
Pljujem na vedre ikone

Moji prislužnici u mračnoj su mojoj službi
Moji majstori u moje ime majstorišu
Moji pakleni šegrti moje žrtve turpijaju
Mojih dvanaest miševa uz moja kolena skaču

ĐAVOLSKA POSLA

Na visoravni noćnoj
              Čuda čine
Balvane dave
              Tuku trupce
Mačuju se letvama
              Na panjevima sede
Odazivaju se a niko ih
              Ne zove
Paučinu motaju oko stabala
              Cvile pište iz šipražja
Žderu maglu
Mesečinu
Loču

GLODAR

Onizak poguren krivonog
mota se
      oko mog drveta
          života
zaskače
    kreska
       očicama

lisičiju obrednu masku
  nosi

   ždere živo
   meso

u njegovim zubima-testerama
u njegovim žvalama
zaboravljeni
    delići
moje prošlosti
      blesnu
          iz bureta
pljusne otrov

SLEPAC

Dok kucka štapom
levo desno
svi su mu ljudi
zvučni stvorovi
glasovi surovog boga

u njegovim očnim
dupljama
žive dabrovi koji
plaču

gde zastane
tu će
udariti grom

nići kukurek

PESMA

Trbonja i kuljavac čisti su
kao suza. Doušnik i podvodač
žubore kao potok planinski.
Balegari su istrebljeni, mučki
smrdibube pobijene. Mečkari se
redovno kupaju. U mučionicama
oprali su ruke mučitelji; usta
i pazuha namirisali diskretno,
vrlo diskretno. Dobošari su pod
zemljom, vikači u prečistoj vodi.
Kasapi udarce rimuju, palikuće
u prste duvaju. U zabranima egzo-
tičnim rajske ptice pevaju umilno.
Iz kažnjeničkih kamenoloma dopire
Pesma nad pesmama.

KOCKA

Bacio sam
Kocku
Na sto onaj
Od crnog mermera

Pogledao
Ni na jednoj
Strani kocke
Nikakve oznake
Broja Ničeg
Nije bilo

PESNIK IZOKRENUTOG SVETA

Sasvim su retki pesnici koji sa toliko doslednosti jednom osnovnom osećanju izgrađuju sliku sveta u svojim pesničkim tekstovima kao što to čini Novica Tadić. Sve njegove pesme povezuje i objedinjuje doživljaj sveta kao izvora užasa. Može se čak reći da je to osećanje u osnovi mita o svetu na kojem se zasniva Tadićeva poezija. U isto vreme, to kao da je u određenoj protivurečnosti, sa činjenicom da ovaj pesnik pripada onom tipu pesnika koji podsticaj za pesmu traže prevashodno u sopstvenoj poziciji, u sopstvenom socijalnom statusu, pa, stoga, nužno, ne mogu da izbegnu oscilacije, promenu intonacije koju izaziva promena životnih okolnosti. Najveći deo Tadićevih pesama je nastao kao izraz njegovog tegobnog osećanja u jednom sasvim specifičnom životnom vidokrugu (svet na periferiji, u podrumima iz kojih se svi prizori vide *odozdo*, svet posleponoćnih privida i opsena, snažna opsednutost *tamnim* i neprozirnim u svakodnevnim situacijama i sl.). Očito je, dakle, da Novica Tadić pesmu zasniva na prizoru koji iz empirijske ravni prevodi u pesmu. U toku prevođenja, prebacivanja iz jedne ravni u drugu, on pod taj prizor podastire onu osnovu koju prepoznajemo kao zajedničku za sve njegove pesme.

Pevajući jednu tamnu pesmu o svetu, Novica Tadić, nema sumnje, postaje jedan od onih pesnika koji su opsednuti naličjem stvari i pojava, njihovom nikad jasno vidljivom senkom. Zbog toga će se njegove pesme mnogom čitaocu ukazati kao nedovoljno prozirne, kao tvorevine u kojima smisao nije čvrsto oformljen, pa i sam čitalac mora da učestvuje u konkretizaciji pojedinih smisaonih tonova. Utoliko pre što je pesnik u svoje pesme uselio bića koja ne postoje u realnosti, u onom obliku u kojem ih pesma sluti i nagoveštava. Otkuda sve to u Tadićevoj poeziji? Sasvim slobodno se može reći da je sve to proisteklo iz osećanja na kojem Tadić gradi svoje pesme, iz doživljaja sveta kao izvora užasa. U svetu u kojem prizori izazivaju užas, u kojem caruju sile nenaklonjene čoveku, ne može biti *jasnoće* ni *čistih* oblika. To je svet preobraženih sila, udvojenih likova (koji pokrivaju različite ravni jedne te iste stvarnosti), svet ubrzanog kretanja između vrednosnih polova. Prva teškoća sa kojom se pesnik suočio bila je neadekvatnost imenâ kojima bi se označavala bića koja nastanjuju takav svet. Sve što jezik nosi nastalo je izvan ili na rubovima tog sveta, a pesnik bi hteo u njegovo središte. Zbog toga je Novica Tadić pristupio novom imenovanju, ili, bolje reći, preimenovanju sveta. Otuda u Tadićevoj poeziji i *tamni penjač* i *svekolika* i *posleponoćna* i *kezilo* i *grickala* i druga imena za nešto što se smešta u prizore koji gube jasnoću i dobijaju oblik u kojem ih ne možemo prepoznati.

Raznolikost imena kojima se imenuje, u osnovi, isto, ukazuje na nešto mnogo značajnije. Na nesigurnost koju odaje sam jezik. Ta nesigurnost proističe iz one mnogo dublje nesigurnosti koja ima egzistencijalnu podlogu. Ali, u isto vreme, svet koji pesnik iznova imenuje ne otkriva svoju suštinu:

„Možda su to glasovi bilja o ne
rast zemlje uz pritke i pohod buba
ili lepet vetra koji uvek čezne o ne

znamo toliko da dolazi
da se lagano i uporno uspinje
opna što nas deli prema nama se ugiba"

To je, jednom reči, svet koji smo nekad poznavali kao svet čuda, koja su nastanjivala folklor, nastanjivala one oblike kolektivnog pamćenja iz kojih smo zapravo i mogli da upoznamo prirodu poetskog imenovanja. Dobar deo čuda u folkloru nije simbol zla već samo oblik sveopšte zagonetke. Kod Tadića već nije tako. I *tamni penjač* i *svekolika* i druga bića koja on imenuje nisu naklonjena čoveku, ona su simboli one sile koja se neprestano preobražava, uzima nov oblik ali ne menja pravac i smisao svog delovanja. Verovatno zbog toga se i stiče utisak da je reč o mnoštvu:

„to se zaista pretvara
menja obličja
iz tajne riznice košulje iznosi
čas je onaj koji oštri jezik
čas veverica čas prljava kokoš
čas razjarena ženka
verujem
da je neiscrpno..."

I to o mnoštvu čiji nas je samo „neznatan deo napao". Nije onda nimalo neobično što taj, kako će jednom sam Novica Tadić reći, *nakaz-*

ni svet gotovo da zahvata sve, pa se *tamni penjač* javlja i u liku onih bića i predmeta koji bi trebalo da služe čoveku. Tamne sile ne samo da izokreću smisao stvarima i pojavama već usmeravaju njihovo dejstvo u pravcu koji je gotovo neobičan. U Tadićevoj knjizi *Smrt u stolici* opevan je upravo čovekov susret sa tim svetom izokrenutog smisla i izokrenutih dejstava. U tom svetu srećemo *skakutane* i *kezila*, srećemo bića nastala iz neobične simbioze. S jedne strane su predmeti za svakodnevnu upotrebu a s druge nešto onostrano. Iz tog ukrštanja i nastaju sijalica kezilo, lonac kezilo, bokal kezilo, flaša kezilo i sl. Ali, ne samo što se dejstvo onostranog i čudesno rasprostire i na svet svakodnevice, već se, u isto vreme, time ukida jasnost:

"Ti koji se pojavljuješ kao krošnja drveta
Obećani u svakoj stvari
Mogući liku
   sagledavaš li se
Kroz ova prigušena mucanja
Ili si pak jasni glas negde isturio..."

Gubljenje jasnosti, sve veća neprozirnost i negativno dejstvo tamnih i nerazaznatljivih sila, stvaraju jedan kovitlac iz kojeg nije lako izaći. Nije stoga nimalo neobično što na kraju pesme "Ti koji se pojavljuješ" u knjizi *Smrt u stolici,* kao da smo smešteni u samo središte tog kovitlaca u kojem se ni lirski subjekt ne snalazi. Tek kad se tamne sile primire i povuku dolazi vreme

"Kad treba pred kuću izaći
Stolicu izneti
Razvedrilo se ovde u mom stanu
Stvari su se složile u redove...
Kezilo
   zatvara se
      okoštava

Nema sumnje da stihovi koji govore o razvedravanju i slaganju stvari pripremaju podlogu za pravi smisao stiha u kojem se kaže da se "kezilo" "zatvara" "okoštava". Ravnoteža se ne uspostavlja ni na koji način koji je podložan spoljašnjem uticaju i kontroli, već samo voljom i logikom kretanja tamnih sila. Otuda proističe i nešto što bi se moglo označiti kao izvor, u osnivi, duboke melanholičnosti i gotovo fatalističkog beznađa u Tadićevoj poeziji.

Opevajući svet u kojem vlada kovitlac izazvan dejstvom tamnih sila, Novica Tadić nije mogao da se ne posluži najpogodnijim sredstvom za prikazivanje izokretanja smisla mnogih stvari i pojava — inverzijom. Proučavaoci kulture srednjeg veka govore o inverziji, kao o jednom od najmoćnijih sredstava za uobličavanje sasvim specifičnog tipa kulture, takozvane narodne smehovne kulture. Smehovna kultura se zasniva na preokretanju polova zvanične kulture, na vrednosnim zamenama (ono što je ,,gore" silazi ,,dole"), ali, isto tako, i na veoma značajnom udelu groteskno-parodijskog prikazivanja stvari i pojava. U poeziji Novice Tadića srećemo se sa mnogobrojnim vidovima na inverziji zasnovanog pesničkog postupka. Kad, primera radi, ovaj pesnik bude opevao grad, njega neće privući centar grada već njegova periferija, pa stoga on neće pisati o Terazijama, Trgu republike već o Vilinim vodama, Dunavskom keju, Paliluli, Severnom bulevaru, jednom reči,. zahvataće rubne prostore grada. Inverzija zahvata još dalje i još dublje, pa će pesnikovu pažnju privući smetlišta, sivi zidovi, grobljanske ograde. Verovatno da je to najpogodniji oblik za opevanje grada kao ,,velikog vražjeg ždrela". I čitava pesma u kojoj se o gradu govori kao o ,,vražjem ždrelu" oblikovana je postupkom inverzije. Lirski subjekt ne samo što sebe ne idealizuje, ne vidi kao nepriznatog zakonodavca sveta, već o sebi govori kao o ,,rugobi poslednjoj", ,,izobličenju svih izobličenja". Samo postupkom inverzije se može objasniti i stih ,,o brate moj od tuđe majke", ali i činjenica da ,,na ravnom krovu" ,,poslednja jagoda uzreva". Sveopšte premeštanje je zahvatilo i druge oblasti života, pa stoga, verovatno, ,,na vitke barske stolice / barske ptice sleću". Svet u kojem je sve promenilo smisao i pravac i omogućava pesniku da prizove ,,blisku noć" koja je ,,od čiste vode" ,,strašnija". Svakako da je to, u ovoj pesmi, vrhunac preokretanja: strašna je ,,bliska noć", ali je strašna i ,,čista voda". Ako se imaju u vidu tradicionalne simboličke vrednosti, onda je sasvim neobično što je čista voda strašna. Ali u svetu izokrenutih značenja to ne samo što je moguće već je i logično.

Da bi inverziju prikazao kao osnovno načelo u svetu čiju sliku oblikuje, pesnik je i sopstvenu biografiju podvrgao inverziji o čemu svedoči pesma ,,Igračke, san". Već prvi stih (,,Noćas mi se majka rodila") pokazuje u kojem pravcu će se kretati lirski subjekt u predočavanju neobičnih prizora. Majka, koja se rađa posle sopstvenog sina, i koja postaje predmet njegove roditeljske pažnje, pa i povod za prikazivanje sinovljeve nesebičnosti (on donosi majci ,,sve svoje igračke"), treba da bude samo simbol jednog sveta, u kojem je vreme promenilo smer, u kojem se odvijaju prizori koji ne samo što prkose logici već je i na nov način uspostavljaju, da bi afirmisali *obrnuto kretanje* za novo imenovanje stvari. Na *obrnuto kretanje* bar svojim smislor ukazuje i pesma ,,Antipsalam". Ako se, sve do skora, pesnik obraća bogu tražeći milost i spas, lirski subjekt u Tadićevoj pesmi postup suprotno. On ne traži milost i spas, već svog ,,Gospoda" moli da g ,,unakazi", da ga ,,gukama" ospe ,,grdnim, čirevima nagradi". U jec nom razgranatom sinonimskom nizu lirski subjekt traži sve mogud nevolje i zla. Na šta nam, ako smemo tako da konkretizujemo smisa Tadićeve pesme, ukazuje ovo bitno negativno obeleženo obraćanj ,,Gospodu"? Čini se da lirski subjekt hoće da ukaže na promenjer smisao mnogih stvari, na trošenje i nestanak nekih vrednosti. Traže utehu gotovo po navici, čovek mora da se suoči sa specifičnom pra; ninom.

O toj praznini govori Tadićeva poezija jednim novim jezikom, jez kom kojim može govoriti lirski subjekt koji sebe označava kao ,,rt glo", ,,izobličenje svih izobličenja". Lirski subjekt koji tako sebe de finiše i može da predloži specifičan način popunjavanja praznina u s stemu vrednosti. U pesmi ,,U frizerskom salonu" javlja se ,,anđeo s makazama sjajnim" koji se primiče ,,Arhanđelu s monstruoznim če ljem" i predlaže mu:

,,— Ako je Bog mrtav, ako je
U ponor pao, na njegovo prazno
Prestolje postavimo odmah
Frizerku koja savršeno pravi
Frizure."

Zamena za boga dolazi iz neočekivanog pravca, iz divinizacije jedn sasvim obične veštine, što je samo još jedan izraz lutanja po praznir mestima u sistemu vrednosti. Zbog toga će biti i moguće da Isu postane ,,jastuče za igle", obična stvar koja takođe počinje da kli; prema svetu božanskog i uzvišenog. Gotovo u istoj ravni je i činjenic da bog ne samo što ne spasava ljude već im u teme zabada ,,šestar' sa kojim oni trče ,,iz ulice u ulicu". Na toj podlozi ne deluje neoček vano stih da ,,svet je božanski / prazan prostor / mračno ždrelo" i d je bog ,,ogromni večni insekt" ,,koji bezbrojna svoja / krilca i poc krilca / isukuje i sklapa / sklapa i isukuje". Čitav ovaj prizor uokv ruje i to što ,,okolo / mrtve zvezde kruže / čisti kristali". Stoga nij neobično što u takvom svetu duša lirskog subjekta postaje ,,topl maglica" koja ,,lebdi plače lebdi".

Specifičan vid inverzije srećemo u pesmi „Pismo, nikome". Svakada nije najmanje neobično to što se pismo upućuje „nikome", što o, jednom reči, teško može biti pismo. Čini se da je najneobičniji n sklop pesme — činjenica da je jedan isti tekst dat u normalnom liku i u inverziji:

Mlečni krvnici

ovde
mlečne krvnike
satiru

krvni se kolač
mesi

dlan o dlan
udara

———

udara
dlan o dlan

mesi
krvni se kolač

satiru
mlečne krvnike
ovde

mlečni krvnici

oslikavanje jednog istog teksta u obrnutom poretku nije nešto do ga je došlo slučajno i mimo pesnikove namere. Reč je, očito, o obli koji je u dubokoj vezi sa smislom pesme. Ako znamo da je reč o 'ismu" i to pismu koje je upućeno „nikome", nije nimalo neobično) pesma ima upravo ovaj oblik. Poruka koja je upućena „nikome" ‹ode svedoči o preokretanju, jer „mlečni krvnici" „mlečne krvnike tiru", a vrhunac *obrnutog kretanja* je u tome što poruka upućena ikome" i nema pravog primaoca, pa stoga i dolazi do neobičnog mpozicionog oblika — unazadnog preslikavanja prvobitnog teksta ao da prvobitni tekst postaje sopstveni odjek). Ima u poeziji Novi- Tadića na inverziji zasnovanih i jezičkih kalambura. Primera radi, sma „Mačji štrajk" se zasniva na prevođenju jednog govornog oma iz sfere nedoslovnog u sferu doslovnog značenja. Svi znamo sintagmu „mačji kašalj" i njenu konotaciju (nešto što nije ozbiljno, nešto što nema potrebnu vrednost i stvarnu težinu), ali pesnik ovoj sintagmi prilazi iz onog drugog ugla i u njoj vidi opis jedne stvarne pojave. Zato njegovog junaka u ovoj pesmi noću ,,budi mačji kašalj". Probuđen lirski junak ,,navlači kućni ogrtač jer hladno je", ,,nazuva papuče jer bos je", ,,polako prilazi prozoru" i napolju vidi ,,hiljade i hiljade fosforescentnih plamičaka", ,,hiljade i hiljade mačaka" koje defiluju ulicom. Iz tog prizora lirski junak izvlači elemente za izgradnju jedne nove sintagme, sintagme ,,mačji štrajk". Na šta, zapravo, ukazuje ovo pomeranje na jezičkom planu, odnosno premeštanje smisaonih akcenata iz različitih sfera upotrebe jezičkih znakova? Pre svega, na ironični odnos, na ironičnu intonaciju kao osnovno sredstvo za izgradnju značenja pesme. Pretvarajući nedoslovno u doslovno, pesnik stvara novi prostor u jeziku, prostor za još jednu sintagmu nedoslovnog a ironičnog značenja — mačji štrajk. Nova sintagma je snažno oslonjena na onu prvobitnu (mačji kašalj), odnosno ona od nje preuzima nedoslovno značenje. Prividno se igrajući rečima, pesnik nam u stvari govori o krhkosti smisla i značenja, o mogućnosti da se ona menjaju, da se gradeći u praznini ukazuje na prazninu. Doduše, ovde su stvarni smisaoni tonovi duboko potisnuti i do njih se teško stiže. U isto vreme, čitalac sve vreme ima utisak da je reč o verbalnom kalamburu, ali u Tadićevoj poeziji postoje mnoga mesta koja ukazuju na tragični smisao različitih vidova inverzije. Nema sumnje da će čitalac osetiti jezu kad pročita Tadićev stih ,,Iz kažnjeničkih kamenoloma dopire pesma nad pesmama". O toj pesmi, čini se, Novica Tadić govori u svim svojim pesmama. Kao da je njegova poezija zapravo umnoženi odjek te pesme.

Radivoje MIKIĆ

SADRŽAJ

PRISUSTVA, 1974.

Tamni penjač — — — — — — — — — — — — — —
Pred san — — — — — — — — — — — — — —
Služavka — — — — — — — — — — — — — —
Kokoš u sobi — — — — — — — — — — — — —
Terasa — — — — — — — — — — — — — — 1
Zidovi pismonoše — — — — — — — — — — — 1
Pitam — — — — — — — — — — — — — — 1
Tamni penjač — — — — — — — — — — — — 1

SMRT U STOLICI, 1975.

Svekolika — — — — — — — — — — — — — 1
Vaš — — — — — — — — — — — — — — 1
Pokojnice — — — — — — — — — — — — — 2
Makaze — — — — — — — — — — — — — 2
Kezilići — — — — — — — — — — — — — 2
Grickala — — — — — — — — — — — — — 2
Tabakera — — — — — — — — — — — — — 2
Gost — — — — — — — — — — — — — — 2
Usta kezilova — — — — — — — — — — — — 2
Kezilo govori — — — — — — — — — — — — 2
Kezilova noćna igra — — — — — — — — — — 2
Flaša kezilo — — — — — — — — — — — — 2
Porculan kezilo — — — — — — — — — — — 3
Sijalica kezilo — — — — — — — — — — — 3
Slavina kezilo — — — — — — — — — — — 3
Igla kezilo — — — — — — — — — — — — 3
U posudu kezilo — — — — — — — — — — — 3
U prozoru kezilo — — — — — — — — — — 3
Časovnik — — — — — — — — — — — — — 3
Ti koji se pojavljuješ — — — — — — — — — 3
Smrt u stolici — — — — — — — — — — — 3

ŽDRELO, 1981.

rizivanje noći I-II	43
ℓ loga	45
'iline vode	46
ʹunavski kej	47
everni bulevar	48
lavija	49
odni kraj	50
asja preskakala	51
ʹkce, okce zlo	53
onet na ulici	54
vekan	55
.ugalo	56
unčev sram	57
.uža	58
ʹipele cipelice	59
rozlio sam se, prozlio	60
ʹ predvečerje	61
ʹavran, sneg	62
onet noći	63
onet straha	64
Mene i sve moje velika noćna glad obuzima)	65
vet je božanski)	66

OGNJENA KOKOŠ, 1982.

.b ovo	69
okretač prvi, drugi	70
.azgovor	71
.azgovor	72
'rčim sa šestarom zabodenim u teme	73
agrailo	74
osleponoćna	75
ʹiko	76
ʒračke, san	77
ʹoćna razmatranja 1-3	78
ʹačji štrajk	80
ʹolaze po mene	81

Čovek iz Instituta za smrt — — — — — — — — — 82
Lopuža — — — — — — — — — — — — — — 83
Isus — — — — — — — — — — — — — — 84
Jedno pero istrgnuto iz repa ognjene kokoši — — — — — 85
Prva ploča — — — — — — — — — — — — 87
Ritual — — — — — — — — — — — — — 88
Ludača — — — — — — — — — — — — — 89
Ledenica — — — — — — — — — — — — — 90
Slavuj — — — — — — — — — — — — — 91
Radna soba — — — — — — — — — — — — 92
Pesma jagnjetu — — — — — — — — — — — 93

POGANI JEZIK, 1984.

U frizerskom salonu — — — — — — — — — — 97
Oblutan — — — — — — — — — — — — — 98
On nosi šakalov šal — — — — — — — — — — 99
Resica, pismo — — — — — — — — — — — 100
Šta je rekao mladić — — — — — — — — — 101
Jutros sam prolazio parkom — — — — — — — 102
Antipsalam — — — — — — — — — — — 103
Iz „Ludnice" — — — — — — — — — — — 104
Natovario sam sebi na vrat — — — — — — — 105
Batinaš i njegovi — — — — — — — — — — 106
Spis, svila — — — — — — — — — — — — 107
Crna misa — — — — — — — — — — — — 108

RUGLO, 1987.

Vrt sa ludom — — — — — — — — — — — 111
Ubice se sunčaju — — — — — — — — — — 117
Prekomerna je moja sreća — — — — — — — 118
Javljaju mi iz centrale — — — — — — — — 119
Dok ne stigne nalog — — — — — — — — — 120
Mali katalog slika — — — — — — — — — — 121
Skladište, bič — — — — — — — — — — — 123
Rodoslov dželata — — — — — — — — — — 124

Metlica 50 — 126
Ogrtač, fikcija — 127
U drugom pejzažu — 128
Olupina — 129
Meduza — 130
Ludi stanar — 131
(Uvek kad prođem tim krajem pustim) — 132
(Pitija iz nužnika u hodniku zapeva) — 132
Fotografija — 133
Visoki gost — 134
Pustahija — 135
Đavolska posla — 136
Glodar — 137
Slepac — 138
Pesma — 139
Kocka — 140
Radivoje Mikić: *Pesnik izokrenutog sveta* — 141

RAD
Beograd
Moše Pijade 12

*

Glavni urednik
Dragan Lakićević

*

Za izdavača
Milovan Vlahović

*

Tehnički urednik
Jarmila Avdalović

*

Korektor
Jelica Lazić

*

Nacrt za korice
Janko Krajšek

*

Štampano
u 3.000 primeraka

*

Štampa
GRO ,,Kultura''
OOUR ,,Slobodan Jović''
Beograd
Stojana Protića 52

CIP — Каталогизација у публикацији
Народна библиотека Србије, Београд

886.1/.2-1

ТАДИЋ, Новица

Pesme / Novica Tadić; [pogovor Radivoje Mikić]. — [2. izd.]. — Beograd: Rad, 1989. — 151 стр. ; 18 cm. — (Biblioteka "Reč i misao". Nova serija; knj. 411)
Pesnik izokrenutog sveta: стр. 141—147.
ISBN 86-09-00195-4
886.1/.2.09-1
ПК:а. Тадић, Новица (1949—) — Поезија

ISBN 86-09-00195-4

Tadeuš Borovski
OPROŠTAJ S MARIJOM

REČ I MISAO
KNJIGA 526–527

Urednik
JOVICA AĆIN

S poljskog preveo
UGLJEŠA RADNOVIĆ

Objavljivanje ove knjige pomogla je
AMBASADA REPUBLIKE POLJSKE
u Jugoslaviji

www.ingramcontent.com/pod-product-compliance
Lightning Source LLC
Chambersburg PA
CBHW071721090426
42738CB00009B/1835